Kikou et autres magies contrariées

Loi n°49-956 du 16 juillet 1949 sur les publications destinées à la jeunesse, modifiée par la loi n°2011-525 du 17 mai 2011.

© 2022, Jérémie Guidez

Édition : BoD – Books on Demand,

info@bod.fr Impression : BoD – Books on Demand,In de Tarpen 42,

Norderstedt (Allemagne) Impression à la demande

ISBN : 978-2-3224-4023-8

Dépôt légal : octobre 2020

Kikou et autres magies contrariées

Contes interpersonnels

Dans ce monde, qui va de mutation en mutation, je conserve à l'esprit la faculté de se considérer, d'avancer et savourer ; ce qui m'abrite dans cette évolution c'est d'entrer en résonnance avec la compréhension et l'attention, pour y reconnaître et découvrir les valeurs qui nous unissent.

Faut-il se battre pour ça… ?

Introduction

Je ne voudrais déranger la paix de personne et si je t'interpelle ce soir c'est pour te remercier un peu par espoir. Je souhaite rétribuer l'espoir que tu as laissé en moi. En m'ayant fait grâce de ce don, je m'emploie alors à aimer l'homme à qui tu as doté du même don d'y croire malgré certaines situations.

Si tu peux voir encore à travers la nuit, je me dis que peut être en aparté, tu me fais avancer pour être lumière à ceux qui pourraient se retrouver dans la pénombre si déchirante.

Ici-bas je continuerai de croire un peu que tu es bien là avec nous ; car tu me donnes en composant avec amour de quoi être reconnaissant et reconnaissable à ta lumière.

Présent dans leur cœur, comme une lumière suivie d'un destin, un voyage à travers le jour et la nuit, l'étoile d'un univers à conserver, découvrir et éclairer.

Une porte ouverte sur la joie, le partage, une demande de non dicter ta présence et d'invitation à mon chevet ; tablant sur le corps, l'eau ou l'ivresse qui existe encore à nous réchauffer le cœur et te reconnaître parmi nous. Telle espérance, je souhaite en mon savoir-faire parler d'elle ; paré d'elle comme un nourrisson qui parfois disperse des pleurs et des cris, des passions et surtout le besoin de reconnaître ta présence.

Et se donner des ailes par les cultures différentes et d'ailleurs. Perfectible est ma foi, mais je crois... à nos vierges regards ; notre propre chair composant l'exemple même de cet indice suprême d'amour...

Qu'à son cil s'égoutte même l'eau en offrande, jusqu'à même les déserts d'un ainsi soit-il qui ne fige pas les vents ; tempête fragile au nombre d'oasis elle fait couler sa larme pour une pensée aux miséreux qui, quoi qu'on fasse, restera la condition de nos os fragiles et poussières d'exil...

Je prie donc pour qu'à travers des livres et des histoires se conjuguent au pluriel ce savoir d'espérance ; pour le bien-être de l'âme et sa succession. La Renaissance de ces inventions et créations pour des temps nouveaux où la nature se libère et s'exprime en te touchant de nos rêves.

Son abord fut il proche de ton destin, il pointe le temps au bout de son « né » ; éternel tant que ses inventions inspirent l'humanité.

Notre monde, un univers infiniment chavire en te laissant regarder à nu son désir qui te sonde. Comme effeuillé de son blanc pur, il se découvre des rêves sans démesure dans un cadre infini. C'est de là que viens le savoir, et se complète de couleur et nuance au mélange. En te reconnaissant sous cette étoile, j'ai pris le temps de te demander et célébrer cette occasion qui est l'une, ou sinon la plus précieuse à savourer.

Et je m'excuse d'ores et déjà de cette innocence sous mon attitude ouverte au dialogue, comme une intention de ne pas céder aux préjugés. Durant des périodes difficiles, grâce à toi, j'ai pu mettre en lumière mon fardeau et songe à extraire les éléments de ta lumière.

Devenu source d'inspiration, avec toi, je m'engage dans une histoire, comme si c'était notre petite aventure à nous ; émotions, sentiments et estime_ tu es comme un révélateur pour moi. L'histoire débutant, il s'immisce une joie. Brillant ce doux rêve depuis que chuchote en mon âme la plus belle des étoiles c'est-à-dire un œil rempli d'aumône pour dénuer les nuits fatales en l'appendice des choses.

Songeant le rêve le nez au ciel de fouler et former cette chaine qui nous relis, nous rejoins. Une chaine qui pour une fois parait plus humaine tant il y a d'étoile ingénue dans un regard échangé… reconnaissant en toi l'univers.

CONTE A LA RELATIVE

Quand l'intention te trouvera à l'intuition, sillonnant la raison comme la mémoire, composant et se décomposant ; souvient toi que tu es toujours toi, au cœur...laisse le s'enivrer de ton temps.

A la douceur et l'écoute d'un soir, j'observe le ciel et soudain un orbe descend en mes yeux… À la suite de sa présence, l'enchevêtrement des émotions, l'effervescence d'un caractère qui au contour du ciel et de la terre diffuse une clarté. En un clin d'œil, s'échappe ce vœu de la volonté des jour heureux. En un battement, cette volonté procure l'étonnant reflet du contentement. Elle se conserve et s'émancipe, se teinte, se renforce sous sa synergie. Elle vibre pour y puiser candeur et apogée de son rayonnement en se distinguant. Rien qu'une petite attention à soi, comme aux autres et l'orbe se déploie comme doué de sentiments.

Partageant sa musique profonde, telle une étoile, luisent et s'expriment ces notes étincelantes qui sème la symphonie des grands soirs, tel un univers. De silences en silences, de distances en distances, de rondes en rondes, d'accroches en accroches ; s'émancipe mon regard qui prêtait un peu d'attention. Je ressens, dans cet orbe qui ressemble à un œuf, quelque chose qui pulse et fronde en continue. Celui-là même qui partageait lumière était capable d'envahir mon cœur, comme s'il se consumait sous sa chaleur. Objet même de ma peur lorsqu'il se fermait à moi, ainsi qu'à mon désir lorsqu'en moi, il fondait son rayon. Cet orbe qui muait mon regard faisait la pluie et le beau temps, et il me fallait pour garder raison le rythme des saisons, le temps … pour que dans sa prédisposition j'accepte sans dépendance, ses sourires comme ses absences. Me fardant d'autre intentions que la sienne, nous nous oubliâmes un instant, cet instant indéfini qui file plus vite que le temps. A ce moment infime et relatif, l'orbe réapparu scintillant. Puis réapparu de nouveau. Puis encore à nouveau, et re-à nouveau.

De chaque instant fonde le présent, cet orbe toujours renouvelé. Attends-toi ce que prépare la vie, sans t'y attendre, tu es et reste l'instant qui n'est que l'instant d'après ; tu es sa confiance…tu es son unique. Dans ce compte à rebours, nul besoin d'être parfais donc, ce qui a été ne sera qu'une simple expression de ta lumière.

CONTE A L'INDOMPTABLE

L'évidence du désir, il infirme que son cours est derrière beaucoup plus d'incompris et nombre d'entre nous porte ces cicatrices ; sa guerre.

Mais un seul fait lui résiste ; le conseil de l'adrénaline, commandante en chef qui lui exhorte les dessins plus nobles comme les plus ravageurs.

Face à l'ignorance, être touché d'elle vous rend plus brulant que le désert d'Afrique ; son terroir souffle son glacial élan des calottes glaciaires… Elle n'est que prémices de la fonte des hivers longs et rigoureux où elle subsiste depuis que le monde est monde. Enfin si peu irréductible, car toute âge a ses enjeux et ses mystères.

En elle est la vie et la mort, les plus démunis s'en consolent encore de l'avoir touché, recraché dans la limite du pardonnable. Elle-même régit de ce sort. Elle s'y prépare, s'y absout comme un courant d'air attendant son heure, pour gonfler les voiles ou les yeux. Inscrite dans un insecte, une bactérie, un cœur d'homme, tout composants qui font chaine et s'y est inscrit en norme. Elle s'effrite, chauffe, se transforme mais pour cela il y avait cette main.

Avec poigne et force, elle détenait tout ce qui était nécessaire pour fonder la forge qui donna constance obstinée du désir.

Cet homme inscrivit dans le fer et la roche son savoir-faire et sa force, outil si puissant qu'il s'était prédit victoire et abondance en cette main. Ceci ne dérogeait pas au courage mais son insouciance faisait rage. Il eut pris de sa main son invention, aux formes processives et galvaudant maitrise.
Il avait là de quoi embrocher des cœurs, et le siens en était le premier surpris.

Vint alors un insecte du bout de son âme, insensible aux tranchants états d'âme de notre homme au cœur vaillant et sans faille. Il sut de tout son attirail, tromper la vigilance de notre hôte pour reposer son corps endolori du voyage.

L'homme attaché exclusivement à sa quête ne remarqua pas cet être de si peu de grandeur.

Annihilé par son imposante vision, sa course téméraire animé fit torrent de toute ses forces ; galvanisant même le petit insecte par la chaleur et l'eau de son labeur. Et cela permit aux bactéries agglutinées en la carapace du petit être, de migrer sous les pores du guerrier grâce à la débauche de sueur et d'allant de ce dernier.

A l'envergure de son acharnement, l'homme ne trouva plus ni cœur ni victoire répondant à son contentement. Ses cauchemars grandissaient au fur et à mesure qu'il se battait. En s'éloignant avec toujours plus d'obstination, il en oublia ce pourquoi il avança tant, et les doutes prenait place en l'affaiblissant lui donnant l'impression d'être une coquille vide.

Les regrets, les incertitudes défaisaient ses choix jour après jour. Derrière cette défaite, les bactéries ne comptant plus sur la chaleur faisant leur accroissement, se mirent à faire tout pour pousser cette fièvre. Sous cette morale à perte de vue, l'homme, atteint son cœur, son ultime quête réduit à l'influence des micro-organismes.

Cet homme n'avait qu'une vie bien ternie pour que la maladie s'installe ainsi, l'insecte dégourdi lui s'accorda du repos aux avantages de sa conduite.

Il décida de les mettre à profit. C'est tout d'abord régulièrement, comme une conscience, qu'il titillait la curiosité atrophiée, derrière l'oreille de notre compère lors de ses batailles acharnées. Puis il divulgua ses ailes pour aller sous la rencontre de cette vision troublée, l'éveillant aux sensations de liberté, parfois désagréablement sollicitées ; il remit en mouvement la force de l'homme sur une façon plus mesurée.

Cette invention agile de la cause à l'effet mettait en œuvre son pouvoir, sa main docile musclé journalièrement à la volonté d'accueillir l'être zélé, satisfaisant de tous ceux et toutes celles qui s'y étaient engagés, propagea le consensus de chacun.

Ce qui les animaient était la confiance renouvelée à la constance de la vie en découvrant points communs, différences, frictions et entendements. Il naquit chez eux une sorte de flamme indomptable qui attisait leur volonté de se revoir, de nouveau partager et découvrir. Ce qu'il fondait tous était la camaraderie, avec l'un le gout de l'effort entrainé par la curiosité du goût de l'autre, pour qu'enfin l'équilibre de ces deux forces s'instaure en harmonie. Insufflant à cet effet la considération des uns et des autres ; ils retrouvèrent l'esprit qui rassemblait leurs âmes.

L'insecte était devenu moins frustré et les microbes s'en trouvèrent apaisé par la rayonnante chaleur, celle d'un homme qui avait évolué. Ils avaient gagné la guerre contre l'indifférence, restaurant ainsi l'évidence qui brûle en chacun…contre tout désir.

CONTE A L'INITIATION

Le passage du changement de saison me permettait de me retrouver au calme d'un paysage idyllique ; la rivière signait sur la montagne des reflets colorés où des feuilles de chêne s'évanouissaient dans le bleu des eaux. Les crépitements de l'onde sur la roche se confondaient avec le chant des oiseaux. Sur les hauts plateaux de ce lieu, les rayons de lumière vous englobaient de leur chaleur moite tout comme la brume et la fraîcheur des arbres.

En ce trésor de nature, certains cherchaient les plantes et champignons qui poussaient seulement dans cette forêt et son énergie. Des feux de camps s'étouffaient sous le chant des guitares et des tam-tams émis par les rites d'un peuple ancestral échangeant avec le message de la nature et des oiseaux. Une légende s'était transmise de génération en génération et se retrouvait inscrite sur l'écorce du plus grand chêne de la forêt.

Les sages de l'ancien temps avaient laissé des récits qui exprimaient qu'en cette contrée s'abritait un peuple dans les feuillages.

Pour les trouver, il suffisait de suivre le souffle qui parcourait la plus haute cime de la montagne, ou en suivant celui d'un cours d'eau. Pour ma part j'écrivais mes moments d'inspiration marqués par l'alternance de lumière et d'ombres que transmettait le ciel nuageux avec le soleil. Pris dans ce tourbillon, je décidais de remettre mes écrits à l'univers en les brûlant. De la fumée qui s'échappait se forma un visage et une aurore boréale en plein jour, avec pour sensation un grand soulagement. Il semblait que la nature communiait avec moi. D'autres yeux que les miens brillaient dans la lueur nuancée du feu. C'était ceux d'un Kikou.

Derrière le feu et sa lueur, un Kikou enviait la lumière du jour et son horizon. Il était tel que son environnement ; adapté à l'herbe folle. Quand ses racines se sont propagées, la nature autour devint une jungle étouffante et prit le pas sur d'autres espèces ; la folie luxuriante de sa croissance gagna aussi le ciel ; là où seules les fées demeuraient encore au-dessus de l'atmosphère devenant plus en plus oppressante, ses intentions s'élevaient pour percer les nuages et s'abreuvaient de son humide ressource. Tous se sentaient bien démunis de cette conduite, sans doute vouée aux éclairs du ciel.

Autrefois le peuple kikou trouvait en l'éclat de la nuit la chouette louange à leur chant. Quand leurs pas résonnaient encore dans l'écho de l'aube, la dévotion de dame Lune mêlée au son des chouettes les enivrait de danse. Kikou connaissait le secret d'une telle dévotion qui fabriquait la marche difficile de soif d'éternité, mais il était épris de mélancolie en constatant qu'il était le seul héritier de ce savoir.

Les confins de la nuit ne résonnaient plus au rythme de la danse, des étoiles ; et d'une plume malheureuse, Kikou caressa le rêve dévorant du passé.

Une chouette sous l'initiative de la lune et de son audace était là afin de veiller et transmettre à travers l'une de ses plumes sa sagesse pour notre Kikou. Ce dernier déversa d'abord des mots et des mots lui rappelant sans cesse le chant de douleur arraché de la plume. Peu à peu c'était l'intention de ne plus perpétrer les pleurs de sa camarade qui prit le pas. Son peuple Kikou, au fur et à mesure que les plumes manquaient au ramage de l'animal, constata son symbole abîmé et s'interrogea sur la croyance de notre héros.

La lune, attristée par le destin de Kikou, insuffla son inspiration à l'azur de l'aube. Notre jeune héros, à travers ce soutien comprit le sens de ses rêves ; les druides aussi lui avaient avoué qu'il portait un grand destin.
Alors il se demanda en quoi il était différent des autres.

Qui de la chenille ou du papillon était le plus beau et respecté ! Il ne songeait pas en soi à faire la différence ; toutes les créatures pour lui avaient des ailes.

Et c'est pour cela qu'un grand vide emplit son regard, obnubilé par la simplicité, il ressentit complexes et décalage, lui qui était le plus sensible avec l'alliance de la simplicité.

Ce grand défi lui apprit l'incidence de ses émotions.

Kikou considérait toujours la chouette comme une camarade des plus mystérieuse ; autant il la fascinait par son calme roucoulant dans les nuits sombres, apportant de son duvet le repas, et les restes des mots comme une pluie fine venant laver ses chagrins, autant lorsqu'elle dévalait la nuit, de ses ailes avec son éminence grise, kikou la prenait comme annonciatrice de l'aube.
Leur jardin resplendissant sous la lumière étoilée, Chouette saisit l'aube pour se reposer, et kikou à l'inverse, saisit la nuit afin de se reposer, pour ainsi naître des rêves.

Kikou avait le ciel en espoir. Une nuit la pluie et l'orage se firent entendre.
Douce au toucher, grondant aux bruissements des feuilles, il vit sa lueur d'une autre couleur, son parcours le fit frissonner. Il eut un espoir contenu dans une lumière qui traversa l'épaisse couverture des songes avant qu'elle ne se répande comme du feu. Cette expérience nouvelle poussa en un éclair tout le monde à se serrer l'un contre l'autre ; Chouette, fée, kikou.

Notre héros s'apercevait que le courroux du ciel donnait l'eau lavant toutes les différences. Sous cette image, seul kikou conserva le reflet de l'espoir à se maintenir debout tous ensemble.

Le vent, transport aussi des songes, se mêla aux ailes des fées et la situation devint périlleuse ; elle rendait l'envol impossible. Tandis que les éclairs se muaient dans les vents, les fées coincées dans ce labyrinthe acéré connurent la peur pour la première fois. Elles ne se tenaient plus qu'à leurs ailes et leurs forces décroissantes. Le destin souffla aux fées de passer par une leçon de courage et de ténacité. Elles qui se voulaient toujours légères et souriantes, leur patience éternelle allait être mise à rude épreuve. Elles se laissèrent enfermer dans le doute de leur ancien ciel clément. Elles se retrouvèrent coincées par cette tempête. Le grand esprit des fées, pour aider ces filles coincées dans ce piège, ne pouvait répéter la même erreur ; pour leur survie il se sentit obligé de dissiper la magie de leurs ailes, afin de les faire tomber au cœur de la jungle, là où l'orage faisait moins rage.

Désemparées comme l'étaient les kikous auparavant, ces fées qui ne s'inquiétaient pas du changement se retrouvèrent bloquées dans leur ascension.

Après la tempête secouant toute la jungle, un écureuil observa la fée sans ailes et son désarroi.

Le petit être restait à l'écart des larmes brillantes de la créature et instinctivement fit voyage jusqu'à un lieu reculé, loin de la modernité et de toute humanité, se pensant à l'abri. Son odorat le conduisit dans un lieu quasi vide et vierge de tout. Ce lieu fut remarqué aussi par les druides qui veillaient sur l'innocence de son ami l'écureuil. Là où se formulaient les souhaits et sorts des druides, s'était nichée une espèce d'oiseau, rare du fait de ses facultés et de ses ailes d'un blanc pur. Loin de l'émancipation de la jungle, ces créatures n'utilisaient leurs becs que pour construire des nids autour de l'espace sacré où s'était réfugié le petit écureuil.

Leur temple était un sanctuaire pour tous les amis de la nature et révélait à travers les eaux du lac qui s'y reposait en son centre, la magie et les ingrédients de la beauté et des oiseaux.

A la mesure des chants alentour, un matin, l'écureuil se réveilla avec des présents autour de lui ; quelques brins de laurier, une plume et une pépite. A l'image de ce havre de paix, ces ingrédients pour faire un nid poussèrent l'animal et son instinct au partage du labeur des oiseaux. Le silence entretenait ce mystérieux message et la mémoire de tous les protagonistes.

Le temps passa, sans que le chant ne revienne. Il décida d'être à la hauteur des oiseaux qui fabriquaient par là leur nid et la pérennité d'une paix dans la solitude. Il se mit en route avec dans ses quenottes une plume, sa pépite et un brin de laurier ; et pour son départ les oiseaux l'honoraient à nouveau d'un chant qui allait l'enchanter pour longtemps.

Cette nuit-là, Kikou était pensif, il fixait l'étoile la plus brillante dans la nuit. Le silence se perdait et pourtant semblait danser avec scintillement, douce présence de ces illuminations nocturnes des étoiles. Sa lumière lui fit oublier un peu sa peur du rejet, lui qui n'avait que les anciens chants de ses camarades en tête pour tout exemple. L'étoile brillait sans qu'un nuage ne la voilât. Il songeait qu'elle ne brillait rien que pour elle, et étant la plus forte, il se dit qu'elle n'avait pas à rougir devant ses camarades puisqu'elle avait bien assez de lumière en elle.

En l'observant plus minutieusement, il vit des étoiles furtives autour ; ou plutôt filantes, semblant plus agiles et trouvant la force de se mouvoir. Fée lui souffla un secret : « oublie tes soucis et fais un vœu ». Sous cette apparition, la fée le rassura que quelque-soit son vœu, les étoiles conserveraient son souhait tout en continuant leur route. Leurs attitudes ouvertes à tous les possibles convenaient bien à l'élégance et la magie déposées en toute confiance par les fées, attachées à leurs pouvoirs légendaires.

La volonté était liée à cette attitude des étoiles filantes, libres et illuminant un peu plus leur parcours, mais surtout ne s'arrêtant pas au constat et l'appréhension du lendemain ou d'un nuage ; elles ne s'arrêtaient jamais à un horizon acquis. Elles continuaient leurs chemins, confiantes de ce qui s'ouvrait devant elles par leur énergie entraînante. Leur force unique, la traversée du ciel et nuages faisant leur rareté et leur intensité merveilleuse.

Ceci lui rappela le choix qu'avait fait kikou de s'éloigner plus au fond de la jungle, aussi pour ne pas se laisser happer par le sentiment vivace d'une douleur. Au début cette conduite de fuite ravivait ses blessures à chaque fois le menant à cette même conclusion…

Il devait ralentir et prendre le temps de se poser pour guérir ; cela ne devait en aucun cas lui faire oublier la voie empruntée de jour en jour et la force de son pas ; la plus brillante des étoiles le lui rappelait. Kikou, se reposant, songeait à cette voie qu'il traçait vers la rencontre de ses frères ; surtout celle qui l'amenait à trouver la mesure d'un bon équilibre entre exigence et rythme, satisfaction et difficulté. Il avait bien conscience que le chemin emprunté lui avait prodigué cette leçon, par ses embûches et ses paysages ; le fruit de ses ressources. Quand parfois le chemin se scindait en deux, sans être sûr du parcours, Kikou renouvelait cette expérience de faire le choix en toute confiance, à la connaissance de son rythme et de ses capacités.

Depuis que l'orage était passé, la lumière laissait découvrir une conduite menant à ses racines. De cette escapade, en suivant les traces des gouttes d'eau dévalant le long des parois de son abri, kikou avait formé un chemin pour laisser passer la lumière, avec un peu de volonté et de travail pour appuyer ce chemin de source. Puis quelques jours après, plus loin sur le chemin, kikou voyait et entendait au loin le frétillement d'un écureuil. Le feuillage s'animait et attendrissait son cœur ; ce cœur timide qui approchait la rencontre ; kikou apprenait à aimer, décrypter l'espoir en la lumière.

De ce fait la feuille fixant son visage depuis toujours n'avait plus la même saveur. Il songe à ce qu'il y avait derrière.

Il avait toujours en mémoire son ancienne course sur l'onde des songes, ce qui poussa Kikou à creuser dans les racines pour se créer un endroit encore plus sûr.

Ce travail difficile lui demanda courage et il s'efforça de ne pas trop se plaindre. Durant ce voyage, il trouva un narcisse mourant, manquant d'eau et de souffle près des traces de son passage. Il veilla sur narcisse nourrissant malgré lui, à la force du désespoir, un appétit vorace du bout de ses larmes, il comprit au beau milieu d'elles que se déroulait le destin similaire à la plante rendant la vie et sa beauté.

A l'apaisement de sa soif engendré par les larmes, la fleur trouva la force de répandre un dernier vœu dans le grand lit de la vie, rendant l'instant magique. Comme le destin de ses larmes, kikou mesurait que la tristesse n'était pas un drame.

Kikou ressentit à nouveau une chaleur forte émanant de l'intérieur.

C'est alors que la fée se posa sur son épaule, attirée par cette présence magique. Tous deux les yeux grands ouverts, le reflet du soleil leur donnait des nuances arc en ciel autour des iris de leurs yeux, vraisemblable aux charmes des fleurs. Levant leurs regards au ciel, la lumière éblouit ; alors se fermèrent les paupières sur une larme bordant leurs joues ; sans doute aussi pour nourrir cette fleur qui se cachait tout au fond d'eux.

Kikou cherchait à comprendre mais accepta en premier lieu ces émotions.

Cette question est sans doute intarissable comme la présence des nuages dans le ciel qui ont quelques larmes. Souvent ce phénomène se dissipe jusqu'à être ébloui et permet de mettre en lumière les contours d'un dessin parfois improbable, chaleureux ; Il commençait à croire en ces songes qu'il était besoin d'un peu de tout cela ; un peu de pluie, un peu de lumière et un cœur gros.

Quelque temps plus tard, en acceptant toutes ces composantes en lui, kikou arborait la danse de ses ancêtres, sans le savoir. Il allait pas à pas sifflotant et faisant des détours ; les lignes, toutes traces de racines l'intriguaient moins que d'habitude. En empruntant les montées et sautant au-delà des bordures, enjoué de la mélodie, son chant l'accompagnait et le poussait à faire le pas de découvrir une voie originale. Accompagné de toute la gamme de notes qu'il avait apprise, de ses nouveaux sentiers, de son écoute à ces émotions, kikou s'entraînait à faire le pas le plus juste ; parfois c'étaient les piques et sa peur qui le bloquaient encore, faisant un pas en arrière, mais sa mélodie l'enrichissait toujours ; le calmait ou le perfectionnait. Kikou sentait dans son intuition qu'il fallait bien composer avec tout car il avait beau avoir peur, il continuerait à danser. Cette discipline lui plaisait tellement, convaincu et soutenu, il évoluait sur son chemin, lequel lui permettait de sentir et de faire vibrer le chant et la perception d'un horizon restant enchanté du pas suivant.

Sa crainte se dissipait peu à peu en prenant conscience de ce respect, la vivacité s'appropriait un autre sujet. Dorénavant il songeait à en apprendre plus sur le secret de la source, surtout à prendre confiance et la laisser s'épanouir, pour que de jour ou de nuit ce sentiment brille et l'éclaire. Ainsi il pensait à mettre en lumière sa vie à laquelle il croyait si fort pour la première fois.

Un matin, à la vue de la bonne fée et des rayons du soleil, kikou remarqua que chouette laissait des plumes à chaque fois qu'elle prenait son envol, pour rejoindre son perchoir. Afin de dépasser cette ambiance un peu triste du départ, dès le début de l'aube, kikou entreprit de rassembler ces plumes perdues comme un trésor et vestige de la chouette. Un soir comptant inlassablement ses plumes, kikou s'endormit dedans, avec des rêves aussi doux que son couchage.

Et le lendemain matin, l'humidité de la rosée rencontrant la chaleur de kikou porté par ses rêves, il se réveilla comme affublé d'ailes aux belles plumes ; chouette hululait de plus belle à la vue de kikou ce matin-là. Il ne comprenait pas si elle se moquait de lui ou si elle le prenait pour une chouette qui faisait gigoter ses ailes. Au rythme du chant, kikou eut le sourire et se prit au jeu avec ces plumes collées sur ses bras grâce à la chaleur et l'humidité. Bonne fée, sous ce réjouissant spectacle, fut contaminée par le sourire. L'émotion était telle qu'elle aussi ressentit ses ailes frétiller à cette ambiance, comme imprégnées de la douceur des plumes. Les tentatives de kikou à vouloir voler menèrent les plumes à rester en suspension dans l'air comme un beau nuage.

Kikou cherchait à donner de la voix, souhaitant être à l'unisson de cette ambiance chatoyante.
Il ne s'entendait même plus lorsqu'il faisait des couacs et se retrouvait essoufflé, rendant le chant si disgracieux. Il amena même les oiseaux à dispenser leur note et amitié ailleurs. Le silence obligea kikou à se pencher sur ces passages tellement il se concentrait dans le trouble de se sentir décalé et incompris. Poussés par l'envol du chant disharmonieux de kikou, les oiseaux furent amenés à découvrir un

curieux compagnon, dans les cimes du ciel. C'était une girafe au long cou. A la hauteur où elle se trouvait, cet animal n'entendait pas la résonnance du chant de notre héros un peu maladroit, mais les oiseaux lui avaient confié les raisons de leur voyage.

Elle décida de venir à la rencontre de kikou qui lui aussi se sentait différent.

C'était plus facile pour notre créature la girafe de prendre de la distance, elle avait l'habitude de prendre de la hauteur, même sur les défauts de chant de kikou. La girafe n'était pas pour autant malheureuse de cette situation car elle se pencha pour être à la même hauteur, considérant que même son long cou qui la constituait ne l'empêchait pas de s'entendre avec les autres. Son attitude lente et son regard pour le coup élevé était autant ce qui lui donnait force et authenticité. Dans sa sagesse elle susurra à l'oreille de kikou d'assumer sa différence et ses trémolos criards, mais aussi de s'entendre avec lui-même. En mesurant ses notes et sa mélodie ensemble, kikou comprit l'aide précieuse et la qualité d'être aussi patient que compréhensif à l'égard de son prochain. Et si par moment il chantait trop fort, il prenait alors de la hauteur en grimpant le long de son amie girafe pour partager plus amplement sa ferveur, près de faire craquer un nuage à proximité.

Le chant de kikou gagnait en expérience au fur et à mesure du temps et de ces exercices de libération.

Tout ceci n'avait pas pour vertu de chasser les nuages. Lorsque Kikou déployait ces notes, portées par son amie à la dimension gigantesque, la mélodie de son chant s'enrichissait de variations et de petites traverses de joie ressenties grâce à l'entraînement d'une amitié de plus en plus déterminée. C'est par cet honneur qu'ils s'accordaient tous deux avec leurs voix qui se muaient et s'harmonisaient dans la beauté. Chacun dans leur tonalité, ils composèrent le chant de l'amitié.

La chanson portée très haut et se faisant entendre dans la vallée, poussa un petit animal intrigué et curieux à venir vers eux. Attiré par la mélodie enjouée et claire de leur chant, cela lui faisait écho à une autre mélodie. Notre inconnue, avec ses petites quenottes, osa aller à la rencontre de nos deux compères pour apprécier de plus près leur art. C'est ainsi que l'écureuil sortit de sa cachette et de sa timidité… Tous les trois, ils apprirent à faire connaissance en partageant leurs émotions.

Le petit écureuil n'avait pas eu l'occasion de parler beaucoup auparavant donc n'était pas très loquace. Mais ses émotions se percevaient dans l'attention et la manifestation d'un regard humide de tendresse et de considération. En effet, le chant qu'il entendait le toucha profondément lorsqu'il réalisa qu'il était porté spécialement à ceux qui l'écoutèrent, juste ce fait permis d'apprécier le pouvoir du partage participant à l'amitié, ce qui les lia un jour, qui les lia à un chant.

Les amis avaient sous l'entraînement de leur chant parcouru un long chemin les éloignant ainsi du refuge de kikou et une grande pluie allait les prendre presque au dépourvu.

La pluie battante fit gonfler la rivière et son courant ; alors que nos amis n'avaient qu'à peine remarqué sa présence sur leur passage il y a quelque temps.

Cette coulée d'eau imposante n'allait pas arrêter pour autant leur retour vers leur point de départ ; en se confortant sur le cou de la girafe et de sa hauteur, ensemble, ils traversèrent la rivière une fois que la pluie cessa de nourrir le courant. Plus loin sur leur périple, c'était une coulée de roches et de gravats qui était tombée sur leur chemin avec la force de la pluie ; le petit écureuil partit alors en éclaireur à travers les fentes des rochers pour pouvoir découvrir la direction la plus juste. Son agilité et sa petite taille leur avait permis de tracer un sentier qui rejoignait le refuge. Kikou, lui, s'efforça avec son courage et la bonne connaissance de ses capacités de faire son possible pour dégager certaines roches du chemin et aménager le terrain pour son amie girafe. Cette dernière avait les pattes un peu fragiles et aussi était fatiguée de sa traversée des eaux.

Ils réussirent à rentrer ensemble, fatigués mais heureux d'avoir pu se mettre à l'abri en ayant agi collectivement. L'un sans l'autre, ils n'auraient pas pu traverser les eaux et se frayer un chemin.

Arrivant à l'abri de Kikou, l'écureuil et la bonne fée se rencontrèrent pour de vrai, sans peur ni appréhension ; après leur parcours et leurs connaissances communes, la confiance pouvait agir vertueusement et porter le regard sur chacun d'entre eux. Le petit écureuil alors ne fuyait pas car il avait trouvé chez ses amis une sorte de famille. Les trésors qu'il avait glanés au cours de ces différents voyages allaient l'aider à réconforter cette fraternité.

Un soir, investi par l'accueil et la joie qui régnait au sein du groupe, l'écureuil découvrit la collection de plumes de kikou, qui lui faisait office de couchette. Le petit animal se souvint alors de sa plume recueillie lors de son voyage précédent, cadeau des oiseaux aux ailes blanches. En la dévoilant à kikou, il fut surpris et enjoué. Cette plume était la plus blanche qu'il n'ait jamais vue et parmi les nombreuses plumes, nos deux amis inventèrent un jeu auquel ils allaient s'adonner toute la nuit : retrouver la plume blanche parmi les plumes de hiboux. Un par un, chouette un peu jalouse, girafe la plus chatouilleuse, fée la plus déterminée, kikou et l'écureuil fiers comme pas deux jouissaient de ce jeu à tour de rôle. La bonne Fée tenant la plume blanche, pour la rendre en fin de partie à son propriétaire, ne put s'empêcher de remarquer l'odeur fine et apaisante qui entourait l'écureuil. Ce parfum émanait des feuilles de laurier. Et pour récompense et faire plaisir à notre fée comme pour la remercier de son geste fairplay, le petit écureuil heureux comme tout offrit une de ses feuilles de laurier. Notre fille était éprise de douceur et d'admiration en comprenant le pouvoir de la gentillesse et sa réussite, alliée de cette senteur apaisante. De cette nuit, la fée s'endormit dans ce parfum rendant le sommeil et son rêve encore plus doux et serein.

Le soir déjà bien entamé, Kikou sifflotait le chant de l'amitié en chœur avec tous ses frères et sœurs la bonne fée, malgré une faim qui habitait leurs ventres.

Ils s'étaient tellement dépensés qu'ils en avaient presque oublié cette nécessité de se nourrir matériellement. Les feuilles de laurier n'étaient pas comestibles du fait de leur goût très particulier, kikou avait bien essayé de manger une plume mais sa constitution n'était pas de très bon goût non plus. Il ne restait plus que la pépite, dont l'écureuil avait du mal à se séparer, mais devant la nécessité absolue et le fait qu'il partageait l'essentiel avec ses amis, son choix de révéler son trésor lui paraissait comme une évidence. Cette pépite aussi ne leur semblait pas comestible ; depuis le temps que l'écureuil la possédait, il y avait moisissure et germe dessus. La girafe pensa alors à en faire le symbole de toute la fratrie, à cette unique pépite qui aux yeux de tous rappelle le parcours de chacun avant qu'ils ne se rencontrent. Pour ne pas éveiller la convoitise et l'effet du temps sur cette pépite, ils convinrent tous ensemble de l'enterrer là où ils se réunissaient le plus souvent. Leur faim et leur rassemblement ainsi confiés et reconduits au lendemain sous cette pépite qui symbolisait leur dernière action de la journée ; et ce besoin de nourriture.

Des jours de pluie et de soleil passèrent tout en réalisant la cueillette et la recherche de nourriture par nos héros. Dans leur quotidien, ils apprenaient progressivement à faire cette tâche en mettant en commun leurs atouts. Bonne fée, qui avait de moins en moins le vertige, revenait avec la girafe et son long cou déposer leurs butins issus des hautes cimes de la contrée ; tandis que kikou assez robuste, et son ami l'écureuil très agile, parcouraient ensemble les chemins abrupts des alentours pour y dénicher de la nourriture. Leurs connaissances et leurs appétits s'en trouvèrent décuplés.

Avec l'expérience de la cueillette, Kikou se prit de passion pour les surprises dénichées à ses pieds, et c'est comme cela qu'il remarqua un être végétal rare, en lieu et place de leur pépite enterrée. Cette pépite se révélait être une graine. Elle entamait une croissance que kikou voulait équilibrer. Il se rappela la fleur de narcisse, et de ce nouvel être encore petit, s'investit à lui offrir plus de lumière. Il vit dans son pétale fragile le plus grand espoir comme le plus effrayant. Accompagnant la vie de cette plante, il se sentait responsable de sa croissance et de son environnement, il tenait à son respect et sa place parmi tous.

Le jour suivant, la rencontre d'un druide surprit tout le groupe car il avait eu vent de cette odeur de laurier, de la blanche lumière diffuse qu'irradiaient ces lieux entretenus par la cueillette, et il ressentait la joie de vivre transmise par le sourire de son compère l'écureuil. Il prit la parole :

« Kikou et amis, votre noble responsabilité s'accomplit de jour en jour. Et ce petit être qui attendra sa maturité, en sa taille haute comme trois pommes, est le fruit de votre parcours et alliance. Il est sacré et portera à son tour lui aussi le fruit ; transmets ce message et ta voix lorsque tu pourras goûter ce fruit avec l'amour qui vous constitue tous ; il est le plus délicieux parmi tous les autres, pour ses propriétés plutôt que pour son goût. Pui par la sève du fruit je t'invite à constituer une potion à l'aide de notre sanctuaire et son eau sacrée. Ainsi tu pourras œuvrer et faire évoluer notre histoire et ses valeurs que tu portes pour la vie. »

Ce moment arriva, traversant un soir d'orage. Kikou partit se rendre à cet endroit qu'avait découvert son compagnon l'écureuil, aidés par les oiseaux aux ailes blanches qui leur garantissaient la bonne direction vers le chemin le plus simple. Après avoir mélangé la sève aux eaux du lac des druides, un feu naquit d'un arbuste, tout près de là en même temps que l'aube arriva.

C'est alors que Kikou découvrit la silhouette d'un homme dans les nuances des flammes ; tous près des eaux. Ce fut la première rencontre de ce type, une aurore boréale les honorait sous ce jour nouveau. Et les crépitements de l'eau se confondaient avec le chant des oiseaux. Sur les hauts plateaux de ce lieu, les rayons de lumière les englobaient de leur chaleur moite.

Kikou insufflé par la magie et la féérie de la rencontre avec cet hôte d'une autre dimension, découvrit le souffle d'un chant nouveau. Il y puisa à travers ses racines, son passé, ses aventures et sa conscience le vent qui agitait les feuilles autour. Le feu attisait dans leurs yeux une passion réjouissant le moindre mouvement que procurait la nature. Et ces braises emportées par le souffle inscrivaient sur le chêne la partition de ce chant démesuré et intemporel. Le kikou, par le feu et la sève de son souffle faisait muer les nuages et les couleurs du ciel, il naquit sur l'écorce les reliefs des trémolos et variations de ces notes qui avaient tout l'air de venir d'ailleurs.

Grâce à cette rencontre avec kikou et sa tribu, je découvrais qu'avant d'être moi-même, j'étais avant tout l'inspiration et les actes du vivant, de son avenir, de cet environnement qui compose l'être et l'émerveille.

CONTE A L'ARTISTE

Dépeindre et encore créer
La marque si telle est imparfaite
Vallonné la voix pour reconnaître

Le parcours asymétrique
De la rencontre et de l'accueil
Des gestes et des formes sans écueil

Façonner ainsi
Pour comprendre
L'impact de la vie

S'ouvrent les portes saillantes d'une résolution aux mélanges et partages de couleurs. Dans les rangs d'une passion, les composants du courage expriment sa candeur : expression de prouesse, de splendeur qui en phare les joues, les sourires. Que c'est bon celui qui dessine avec toute sa ferveur et qui forme de sa lumière un tourbillon.

Dans l'euphorie de couleur, sur l'étrange teneur d'un fond noir, des nuances arc en ciel sur l'horizon, je suis séché et décapé par la féérie de cette compagnie.

Les supports des mots assemblés ne suffisent à faire chorale à cette vitalité et toutes ses surprises. Derrière une baie vitrée s'osmose une peinture bien trempée acquise au portrait de caractères singuliers. Les protagonistes audacieux composaient leur art sous mes yeux ; un visuel qui brillait à la grâce d'un espace et d'individu charismatique.

Et les couleurs sont belles à en battre le tempo du cœur...

Vite, vis la peinture, car rien ne s'épuise en la joie de vivre... créatrice. Le mouvement comme à nous sur cette toile où jamais le rideau ne se baisse. Inattendu, imprévu, à nous le geste, c'est certifié, tamponné, acidulé... De plus en plus détonnant, esprit entreprenant saisissant de mélange. Se dessine petit à petit, un caractère se profilant...A l'eau ou bien peinture à l'huile

Plus tard, sur les doigts menus, dégorge le noir d'un pochoir, apparat d'un personnage loin d'être dérisoire avec ce poil de pinceau sur la toile nue. Pointes de rouge, Stendhal ; autant qu'il y en a sur les joues...

A mon grand dam. Tout en brossant la coiffe en rayure de râteau de notre Marilyn Monroe. D'un cheveu, nous oubliâmes de changer la ouate. Rattrapage incongru survivant aux traits du couteau...Encore quelques gouttes de bleu, Picasso

Ce travail de teneur et expressions des goûts subtils, je m'en approche au plus près comme au-devant d'une gourmandise. Un spectacle idéal, discernant les composants du graal en perles d'acrylique et Attrape rêve partant de regards touchants, méritant et brillant... Une déférence lorsque l'art assemble et enchante nos motifs soignés. Regarder, savourer, décrypter. Et se ressourcer ; d'un monde en fait, je me délecte. De sa couleur et son effet, l'artiste qui récidive transpose mémoire ; témoigne, serre, sublime. Et sans y penser faire son devoir, inscrit ici principe miroir.

Pose un regard, transporte, libère, exprime ; sans montrer ce que tu dois voir, accueille avec égard.

Cet ivre mécanisme en secret et esthétisme permettra peut-être de trouver solution en chaque perception et renaître.

Car l'art cher contemporain, c'est vivre à l'unisson de nos pourquoi et nos représentations ; entre ces deux rives, je le sais bien, c'est tout un monde exposé qui parle plus que de raison.

CONTE OPALE LUEUR

Le vent se brise au point de mire de l'étendue immense. Le radeau sur lequel je me suis embarqué n'est rien d'autre qu'une âme.

Un autre jour c'est un brouillard à couper au couteau, ma voile hissée toujours haut.

Dans les rouleaux je me suis jeté.
Dans le courant des eaux j'ai vogué.

Au temps et au vent, je me laisse porter comme dans le noir et le blanc d'un rêve. Là où il y a tes côtes dans la nuit, l'encre devrait amarrer. Une épopée qui me fera rejoindre mon autre ; il y a des étoiles pour me guider.

Je toucherai peut-être la terre, et la foulerai de nouveau.
Je ne peux revenir en arrière.
L'eau et la terre ne creusent-t-ils pas mon nom sur le marbre, les chemins des racines d'un

arbre ; le lit où œuvrent de grand bras accueillant l'animal, sable, coquillages et tout vestige d'ici-bas ?

Je me noie dans une goutte d'eau négligée. Moi et mes émois qui font les tableaux en térébenthine, mes matins oubliés…Une bouée où le repos des sirènes s'invite, l'instant d'un répit que les flots agitent…

L'eau épris depuis l'ardeur, des vents font depuis gonfler les voiles, de l'imagination ; avancée fragile qu'emporte les corps voyageurs. Moult question prennent les voiles aux nuits couchées à cartographier la voie. Vague, récif, et émulsion volage pour une virée en mer dès que le vent soufflera.
Sur les pontons ornés de sculpture au bois de chêne rengaine les vents et les flots, comme chant d'estime et de victoire ; au seul étendard dans les airs : avancer sans jamais perdre espoir…

D'un endroit ou les plus beaux coquillages s'érodent, des heures sable mes rêves sous d'étoiles émeraudes… devant elles, je sais que je n'ai rien, qu'un peu de nacre et de matière grise.

Je me rappelle alors enfant que les rouleaux des vagues étaient délectables en jouant, que les lames de fond formaient des bancs de sable.

Avec les mots de mon ilot, c'était déjà l'écume poésie qui balbutiait dans mon âme.

Comme si j'avais déployé un cerf-volant…

Je me retrouve sous le vert reflet lorsque la lune venant, je voyais des histoires en rêves que le vent fit luire et où trouver trésors de fond qui jamais ne se laissent tarir.

En la douceur de l'embrun réside mainte lune aux histoires de gamme fait de courage.
En cette aventure et sa voix qui me parcourt, j'ai fait d'elle mon seul port d'attache.
 Les mers me rappellent la destinée implacable dans laquelle il m'arrive parfois de me conforter. Elles n'ont plus à rougir quand je les entends se comporter comme des lionnes. Elles peuvent être aussi douces et rafraichissantes quand elles se font courant sur la paume de ma main. C'est le sel de ma passion avec cet espace

infini et bleu qui se dévoile chaque soir sous les étoiles.

Plus tard, c'est le lever du jour sur l'océan qui faisait son apparition à hauteur de mes yeux. Je pouvais observer dans les environs un cachalot et des dauphins qui se chamaillaient gentiment. Les jets d'eau de leurs respirations et leurs exactions formaient des reflets arc en ciel dans l'opale naissant. Le long de cette clairière saline, l'ombrage des nuages perpétrait un cache-cache avec le rougeoiement de l'aube. Les cris et les clapotis de mes compagnons marins interpellaient l'azur, formant ensemble une mélodie enchantée avec le délassement de la lumière ; cela composait l'animation « un, deux, trois, soleil ! » entre le ciel et la mer sous des nuages d'eau.

J'avais gardé la goutte au nez quand mon chemin passa le spectacle du nouveau jour, et j'avançais plus modestement sur cette vague. Les terres se dessinaient à l'horizon. J'allais quitter le calme et toutes les affres de mon voyage, enrichi d'images fortes au loin de l'agitation. Aurais-je le courage de ne plus lâcher mes rêves ?

CONTE A LA DERIVE

*Ricocher sans écorcher. Est-ce possible… ?
Une onde en surface pour avancer, parcourir la
peau qui fronde, gronde, reflète la douceur et le
choc dissipé d'avoir eu l'abîme, les profondeurs
caressées. En te regardant je suis touché.*

Les jeux d'ombres voguent dans le chant presque infime du vent flottant, insensible à l'abîme. Avec ma peau qui séchée par cet embrun, je crois que réside en moi son histoire qui mutile et permet l'émancipation au-delà des voiles face au vent.

Son transport reste insoumis et prospère, comme un mirage maraudant des eaux plus claires tandis que le vent continue sa course faisant rage ; à peu près arrivé dans le centre de son cyclone, le silence me traverse, et j'ai l'impression de n'être qu'un simple limaçon baveux qu'on offense.

Qui m'a conduit à m'enfermer dans cette intention, ce limaçon étouffait-il dans sa salive peut être porteur du gène solution du temps présent ? Que je sois en voie d'extinction vient à apprendre beaucoup de notre temps. Si précieux, ce génome sans doute du respect du vivant, sans faire de mal. Bientôt l'annonce d'une extinction sera d'actu de vraisemblance ;

de vivre si lentement qu'en plus j'en fais l'exemplarité de mon tonus qui est peut-être non adapté à la concurrence et la vitesse d'une société olibrius.

Défaillant de garder en mémoire l'obligation de sortir une épingle du jeu, piquant la vedette sur cet océan houleux.

Alors le galion m'aurait pris dans sa cale…

A courir, blessé si loin de ma nature, je serais devenu malade. Ainsi va la casa du paquebot et son rythme croisière. Un système dit juste et concevable sous la bannière d'un décompte comptable…Ainsi la pluralité serait menacée sans aucun compte à régler, tout cela m'exaspère. Initiateur de cette colère, je suis le capitaine de la cinglante ironie du vent et de la méprise du souffle où se joue une simple vie.

A travers le hublot de la cale, sous le niveau de l'eau, l'un s'épanche et se décontracte, c'est l'hippocampe. L'autre se comprime et souffle ; c'est l'éléphant de mer. Sous l'eau, il est possible de voir une grâce que l'on ne trouve pas dans l'air.

L'hippocampe peut, avec son amas de cartilage, refléter les couleurs de la lumière blanche.

L'éléphant lui, avec fracas, trompe les carnivores en créant la houle et la vague à la surface. Chacun d'eux fait vibrer à sa façon ses caractères. L'un est gros, l'autre est minuscule, et chacun jouit de la place bleue dans ce lieu de rencontre et de détente.

Il y réside aussi deux moules qui se fricotent un petit bout d'algue, accompagné de plancton ; leurs mets sont à foison mais elles ne se servent que de ce dont elles ont besoin. Pour s'épargner leur condition, elles se collent, pas loin l'une de l'autre et se frottent entre elles ; du froissement des deux coques s'échappe du sulfate de nacre qui forme l'alchimie : une bulle.

J'observe un poisson clown passant par-là trouvant dans cette bulle l'inspiration et jetant ses atouts sur une anémone. Cette femme n'est pas très friande de blagues, surtout sur ses courbes assez flasques pour que l'expression lui succombe. A cette frasque poissonneuse, la dame se contracte de tout son corps et se dilate formant ainsi l'onde et le courant. Le clown s'y engouffre imprudemment le propulsant sur les bancs.

Ces bancs de sardines aux reflets d'argent que d'aucun suggère la petitesse de ses occupants. Seul l'espadon et la baleine, le pointu volontaire et le grand imposant ne s'y trompent et entaillent ou englobent ces occupants. Peut-être une mort moins honteuse que les grillages d'un filet, gigantesque prison où ils agonisent. Ou le perfide hameçon qui se déguise pour exercer son piquant. La liste est bien longue, mais voyez-vous c'est comme la terre et ses sentiments, plus on se laisse à la surface moins la beauté est profonde. A la surface, il n'y a plus de place pour tout le monde, aussi bien dans les filets que sous les aspects de l'argent, le monde est devenu abrupte et en manque d'oxygène. Et là je ne parle que de la nature, de la terre, et pas de cette société où tout le monde se bouscule en nageant.

Dans l'océan qui n'a pas de frontière, les rouleaux des vagues se délectent en jouant avec les nuées et mirages ombrageux. Depuis que ma vie dure, que l'amour va et vient, que la mélancolie m'accoste et s'emporte, l'embrun de ce sel me ronge et me berce en surface. Dans le précipice et tourbillon du vent, je vois l'infiniment bleu de l'horizon, complice de montée et fastidieuse surmontée. Mon regard vague se rassasie des courants des mers à travers des chemins de remous et d'orages.

Le mouvement des vagues agitant la cale me gagne petit à petit. Une odeur âcre remplit la pièce tout comme ces haut-le-cœur qui causent mon aigreur. C'était sans compter les bruits des bouteilles qui s'agitaient dans leurs caisses éventrées. L'orage qui traverse mon bâtiment me confine dans cette pièce minuscule qui rétrécit mes idées et mon moral. Je m'endors malaisé des remous avec la houle de ma tête pressurisée sous quelques profondeurs.

A mon réveil, les tentations de boire s'affairent pour briser la coque de mes entendements. Par lent matin et sa purée de pois dilué au ciel narquois, j'ai le rhum, des fois. La sobriété m'est tellement démentielle. Ivre à la hardiesse du ciel, je le dis franc, si saoul je le suis à votre appel Madame de la bouteille. Je vous en prie, sortez les cadavres de mes matins conscrits de vers pale aux yeux jaunis. Mes yeux vitreux galvaudant de surcroît le rouge et jaune très bien rendu du repas ; étant rond, bière et bulle de bon aloi.

Si bien que doublement je vous crois Madame. Vous qui me faites l'honneur d'une dernière goutte de vers glas, Madame sauvez moi de cette chaste foi où l'eau de vie a votre évident exploit. Et conter encore les autrefois sous le rythme de cette houle et cette mousse délabrée, vaporeuse de l'écume. Puis tarir ce relent d'amertume qui n'envisage pas de titre posthume. Lorsque vous me prenez la main, les génies, les démons qu'ils soient pour un peu sourds et muets nous rejoignent en force conspuer le passé. Soit cette foi, à l'aile dévorée des vœux d'amour ; mais un air triste grève sur mon radeau médusé, tel une épitaphe. C'est une soif recroquevillée pendant que s'envolent des sérénades d'orages, comme un cri sous le vent d'humanité retentit sans âge ; avec sa faim décuplée d'instinct.

J'ai dans le ventre ces embryons de colère et d'espoir mélangés. Et je profite du creux de la vague pour me noyer dans la dernière bouteille d'alcool qui reste.

Ce moment d'ivresse juxtaposé à la bouteille m'avait collé une gueule de bois pas possible. Détaché de toute ces voix qui conduisent ma dérive sur les vagues, mon mal de tête me tapait les tempes. Et ma conscience imbibée se prenait pour ce mollusque invertébré qui nageait derrière le hublot. Lui et moi étions partis pour muer dans les récifs profonds, afin de nous mettre à l'abri des prédateurs. Cette histoire sans fond, à la forme d'une écrevisse, je ne la connaissais que trop bien. L'animal s'en va loin de tout danger et se fabrique une tanière à l'aide de ce calcium mortifère qu'est son ancienne peau. Comme toute créature consciente de sa subsistance, il s'en va aussi pondre sa future bleusaille dans ces contreforts.

Pour ne pas être assailli du danger que représentent les plus grands que soi, nous savions que le destin nous avait à la bonne. Avec notre bon sens, nous mettions au point les remparts nous protégeant et nous fermant de l'extérieur. Seul des petits rejetons innocents pouvaient encore s'échapper à travers oubliettes et interstices de cette bâtisse que j'aime à appeler stupidité fondamentale...
Je laisse le mollusque faire sa vie tandis que mes bras et ma bouche pâteuse se gargarisent d'un retour à la norme. Et je ressors de mon passage inconscient, l'haleine, les dents, la combinaison entachées ; plus secoué par le destin de mon petit mollusque. Ce dernier vient de prendre sa bonne fortune au crochet d'un

poisson chat qui l'a gobé. A trop caresser le hublot, il s'était fait repérer.

Je sors de cette même torpeur pour me concentrer sur ma direction et mes cartes de navigation. L'orage n'a que trop longtemps duré. Si je ne veux pas finir dans les Bermudes de ma nonchalance, finir sur les récifs acérés des terres ou encore rencontrer un iceberg, il me faut m'y mettre.

Le compas et la boussole détraquée sous mon œil jouaient du tango avec la houle. Mes idées de cap et d'épais brouillard dans mon esprit me rendirent encore plus déterminé à voyager vers l'inconnu. Le choix se devait d'être clair au moins. Pas le temps de tergiverser. La tempête dans laquelle je m'étais fourré annonçait une accalmie, la pluie battante se calma. Les vagues remuaient moins et j'en profitais pour sortir de la cale. Il avait beau faire nuit et froid, cela n'allait pas m'empêcher de me ressourcer à l'odeur marine.

Ce soir, sur le pont tout est délavé. Il reste tout de même la fierté de se mesurer et de défier les vents. Mon navire enchaînait les vagues goliath sans ni rechigner ni reculer, ce sentiment de ne faire qu'un avec le bois et sa rudesse me donnait la sensation d'être libre. Il me fallait juste ça pour pouvoir m'évader sous les étoiles. L'horizon à peine éclairé, ce no man's land me convenait bien, peut-être pour cacher aussi ce qui faisait guerre en moi.

A force de me désigner incapable, me souciant sans cesse du regard des autres, trop atteint par le regret et les peines défaites d'un parcours tant idéalisé, reniant même ce pourquoi je m'estimais… alors prenant cap sur un bateau, j'engloutissais le désir de revanche et son écume, pour peu à peu refaire surface.

Ce périple m'avait appris une chose : l'espoir ne m'avait jamais quitté. Les opinions buttées au silence que j'ai pu traverser en mer m'avait rendu plus d'un service. Elle m'avait permis de découvrir son caractère inestimable, permettant de tenir la barre. Avec comme découverte ses rivages et profondeurs inconnus, c'était comme ces lumières, confinées dans le crépuscule, venant à se confondre toujours à l'aurore d'un nouveau jour. Si la colère des vents ne m'avait pas amené au large, je pense que je n'aurais pas découvert de temps à autre aussi la valeur des accalmies et sa douceur. J'évolue dans l'acceptation de cette aventure et suis prêt à entamer une nouvelle vie.

CONTE BLEU MYSTERIEUX

Je m'assoie de temps en temps dans un endroit proche de la nature, avec mon aura un peu trouée et en mal de connaissance. J'ai besoin de temps à autre de me retrouver pour échapper à ce don médiumnique qui m'encombre quelquefois. Mon savoir s'incline devant le spectacle de la vie qui règne en ces lieux. Que ce soit la verdure ou sa beauté, elle trouve écho dans le chant des oiseaux, la douceur du temps qui coule paisiblement comme les gouttes d'eau d'une fontaine qui vient nourrir une source en mouvement. Sur la plage où je m'étais retirée, se trouve la symphonie de la mer qui vous apaise avec la caresse chaude du soleil qui vient vous colorer la peau. Cette même symphonie qui parcourt nos entités qui viennent de se rencontrer en habit fait de plus de peau que de tissu ; en beauté naturelle, elle m'inspire un sourire dont le souffle nous amène à nous découvrir l'un l'autre. C'est à ce moment-là que vint à ma rencontre, comme un inconnu, au visage étrange mais plein de tendresse.

Nous allions au bord de l'eau après avoir partagé nos déboires ; son regard se noyait dans la mer et on pouvait lire, à travers le chemin long qu'il fixait, la même émotion que moi pour la planète. Derrière lui, le coucher de soleil devenait rouge. Dans ses pupilles, la même lueur se muait devant l'eau agitée. Pourtant il avait le soleil derrière lui mais au-devant, la nature distillait sa lumière. Je pus remarquer une larme qui coulait sur sa joue.

Je reprends la conversation et lui insuffle le pouvoir de dire non. Dire non, c'est se protéger des pensées et des caprices de certaines personnes. Dire non, c'est aussi une occasion de reconnaître ses valeurs et répondre à ses convictions pour s'épanouir ; c'est aussi reconnaître ses sentiments et ses besoins et développer ses valeurs. Dire non, c'est pouvoir dire oui en d'autres occasions pour l'intégrité de nos émotions en empêchant la frustration et en encourageant la réflexion. Car affirmer n'est pas simplement être d'accord ; la conscience du non permet de voir avec un esprit plus minutieux tous les contours d'une vérité.

L'étranger alors me récite un de ses poèmes :

Je suis le oui de la délicatesse

Pouvoir des partages et sensations

Rayonnant de cœur notre richesse

Qui chante de voix à l'unisson

Je suis le regard de tendresse

Renouvelé sans cesse sans d'autre raison

L'envie de reconnaître tes prouesses

Que dessine notre devenir plein d'attention

Je suis l'enfant que la vie caresse

Etrange curiosité qui anime en mes actions

Le frisson d'éveil infini de justesse

Bercé par le temps et sa chanson

J'ai deviné alors que cette larme de tristesse était un amour qu'il m'était donné de voir, pour la planète bleue et ses occupants. Plus profondément dans notre discussion, il m'avoua revenir d'un espace secret et sacré que seuls les chamanes des sables connaissaient. Sa sensibilité l'avait conduit à la rencontre de ce peuple méconnu, restant caché derrière les affres de la civilisation conventionnelle. Il avait sur lui une bougie et sur le visage un sourire. Il me confia que c'était par ces ingrédients qu'il communiquait avec eux.

Nous avons allumé cette bougie ensemble. La flamme, attisée par le vent doux et l'iode marine, se teintait chaudement d'une couleur bleue. Et une silhouette se dessina devant nous.

Un homme en bleu apparut en signant à la lune un teint rosé dans les cieux grâce à la chamade du vœu présent en son cœur. Il voudrait la regarder ; toujours, la garder cette vision langoureuse en réponse aux échos des étoiles et aveux. Le cosmos et la voie lactée semblaient se refléter dans ses pupilles dilatées. Le bruit et les soupirs s'adoucissaient sous son corps qui frémissait, se fondant dans la nuit ; si bien dans l'attente, si bien dans ces yeux qui s'inventent.

L'homme en bleu vient à peindre ensuite son visage dans un ciel blanc, il empreinte la teinte vermeille d'un astre brillant pour que d'un souffle de vent, d'un coup de main revienne une étoile filante.

Entre ciel et terre, dans le vide interstellaire, le temps s'arrête. Peut-être une autre étoile va t'elle naître en cette nuit des plus longues ? Comptant chaque seconde sur son rêve.

La lune attrape son éclaircie. Brille dans ces nuances tout un monde autour, celui de l'amour ; j'ai la sensation de renaître et je crie sous ce ciel, à cet égard pour elle. Elle émet son regard diurne et aimant jusqu'à la constellation de saturne et les diamants de nos regard ébahis.

De cette fièvre nocturne, au ciel vivant et intense, accompagnés de l'homme en bleu, nos sentiments sont marqués par cette nouvelle constellation. Et le petit jour vient à renaître, rempli d'une promesse mariant nos vœux sous la lumière. Les rayons du soleil nous éclairent de cette force, qui est de penser que le meilleur et le plus beau restent à venir.

Après cette nuit tempétueuse et mystérieuse, nos cœurs rayonnent et l'esprit brille.

A la lumière d'une bougie et le reflet de la lune, les signes se multiplient et sont partout. Le vent se fait léger pour la flamme qui brûle entre nous. Nos regards sont chacun illuminés, plus que l'astre qui emprunte des reflets dorés comme le miel. Les sentiments qui nous animent sont un passeport pour quelque chose que mon compagnon envisageait à peine.

C'est loin dans notre ilot de tendresse que nous pensons moins à nos difficultés et angoisse. Enfin une bonne étoile en regardant ensemble le ciel. Ce ciel que nous avons si souvent interrogé ; aujourd'hui, le destin ne nous questionne plus. Les nuages qui ont traversé nos vies, nous n'y pensons plus. Nous nous laissons emmener dans un énième tourbillon qui cette fois redistribue les cartes. Durant ces onces de liberté, l'amour prend toute sa place, nous prenons juste le temps de jouer et nous découvrir ; Ce soir nous profitons de ce moment partagé qui ressemble à un parfum d'enfance. Ces signes ont le sens que nous avons toujours voulu donner à l'autre et à nous-mêmes.

Deux cœurs ébahis l'un à l'autre, dans une écoute, jouant aux échanges de vérité sur nous-mêmes. La nuit, ce n'était pas un rêve, de tous ces soirs passés à deux où nos songes se réalisaient ; avec une épaule toujours disponible, pour apaiser pleurs et passé.

Nous partagions aussi des rires et du soleil, et qu'en terre de conquérante la nature devenait belle en son naturel. Autour de nous gravitaient le plaisir, la beauté, l'émerveillement et l'émergence de notre désir d'offrande. En ce regard porté l'un à l'autre, même à travers les silences ou les absences, par-delà des écrits d'espoirs et de lueurs, toujours ce regard de tendresse.

Nous devenons plus chauds que le sable. A mettre en caresse le grand respect toujours vivant, par-delà le sel de l'existence et le temps qui passe ; se reposant sur l'union à des valeurs qui se partagent en découvrant l'amour.

Un soir prêt de notre feu de plage, l'homme en bleu à nouveau réapparut en délivrant ce message :

« Au fond quand tombe la lumière je vous découvre amants. L'amour, cette caresse et habitude aussi solaire qu'une étoile dans la nuit. Comme l'éclair traverse le ciel, je vous vois. Je souhaiterais avant tout rendre grâce à cette lueur au fond de vos yeux. Déjà la nuit passée, nous touchions les étoiles par notre foi toute nue, jusqu'au matin où l'aube nous regarda en secret.

Mes chers amis, j'ai besoin de vous. Notre communauté souffre et je viens vous demander de l'aide.

Quand vous vous sentirez prêts, songez à moi dans le sable d'une dune et attendez moi par-delà le soleil couchant. »

Nous honorâmes son invitation le jour suivant. Nous eûmes plaisir à retrouver sa sagesse en ces mots :

« Il se peut probablement que vous soyez tout simplement deux êtres conçus aux propriétés de l'eau et des étoiles, dans la lumière d'un jour étendu par le reflet de la lune proche des mers du sud. En vous est l'azur d'un renouveau de l'amour fraternel des êtres, une évolution dans la vie et une avancée de courage et de sagesse pour vos pères comme pour vos ancêtres. En vous, vis le changement nouveau de nombreux destins par le rayonnement qu'amplifient la passion et la chaleur d'un astre aussi gros que le soleil, et qui se dévoue à insuffler son énergie sur terre. Soit, l'incarnation d'un amour inconditionnel pour vos frères, alors en âge de concevoir les projections de l'amour dans leurs propres vies et ainsi instituer leur avenir de tendresse, de pardon et d'élan à la réalisation de leur destin. En soi demeure toujours la rencontre d'un grand soulagement avec l'espoir, au-delà de tous horizons. Vous qui avez réalisé que nous étions tous fais de cette alchimie. Chers frère et sœur qui m'avez révélé en ce bas monde, permettez-moi de vous présenter Keisha, notre sœur d'âme. Faites comme vous l'avez toujours fait, aidez-la à reconnaitre que l'espoir est partout, autour et à l'intérieur de nous.

Je vois dans vos yeux la fierté et la confiance. Tous deux, si vous pouviez transmettre à

Keisha que nous sommes avec elle, cela lui ferait le plus grand bien. »

Dans une ombre se confondant avec le vent des sables, nous pouvions ressentir une grande détresse approcher ; Keisha était tout près. Son inquiétude était telle qu'elle en avait perdu le goût de s'exprimer. Mais nous pouvions décrypter dans son regard toute l'énergie qu'elle retenait sous des larmes, mettant la lune en berne. Le noir nous envahit peu à peu, au plus proche de son ressenti. Nous étions auprès d'elle pour l'entendre et la libérer.

Déguerpir du noir

Marqué d'un territoire

Où s'ancre toute mon histoire

C'est bête

Je m'inquiète

Mais la place est ainsi faite

Déguerpir de ce terroir

Ou affirmer ses faire-valoir

Et ne retenir qu'il faut y croire ?

Dans nos veines coulent

Promesse et passé qui s'alternent

Ce soir nous te reconnaissons tout comme la
lune dans le ciel

Féminine

Indocile

Légitime

A ces mots, le cri de la louve reine à nouveau retentit et la mère peu sereine de son camp suscita l'entraide.

Son courage vint à souffler, entonnant une meute de chants.

Informant notre droit de cité à l'entour, morsure d'une volonté d'amour, elle clamait en cela que l'on s'aime, toujours…

Le temps d'écouter,

L'écho de sa volonté,

Le droit d'exister.

La lueur de la lune revint avec un charme flamboyant. Nos âmes enivrées de cette constance : la vie avenante était là et il y avait besoin ; car en elle, il y a de quoi changer, grandir, se transformer et même renaître.

La nature reprend ses droits ; tout comme nous elle ne parle pas, elle enchante. Tout comme nous, elle ne fuit pas, elle enfante.

CONTE A L'INTENTION

Trésor reposé, à la présence incompressible, où te trouverais tu... ? Dans ces chevauchements, contre le raffut du temps ? Dans la bribe du songe et même la brume tourmentée ?

Je cherche un terrain sur lequel je puisse m'étendre, dans lequel l'avenir se bâtirait sans s'y méprendre.

Comme ça, songeur, chaque pas aurait le bruit craquant des feuilles tendres, les arbres sauraient se dénuder comme se couvrir à chaque passant qui l'étrangle. Chaque coup de vent viendrait rafraîchir les âmes et les fées qui nicheraient dans les branches. Les couleurs répandues de ses ailes branchues monteraient avec couardise dans les rayons d'un arc en ciel, sous une fine pluie odorante et adorable ; la chaleur moite serait en chœur chez les oiseaux qui s'esclafferaient de leur flûte à bec avec le souffle cajolant les fleurs.

En toute saison vous pouvez me retrouver, si ce n'est un détail, se serait le panorama entier d'une nature pour une journée agréable.

Cette journée puisse-t-elle vous retrouver dans l'intention, et vous rejoindre dans l'orage d'une pensée, la couleur timide d'un feu qui force à l'arrêt, ou sur le bitume brûlant piétiné par un pas décidé ou désireux. Ou alors serait-elle dans le bruit du ventilo qui rafraîchit des murs blancs où les cadres ont fondu, les bougies dont la cire tapisse le carrelage et qui dans une flaque vous montre d'entretenir ma lumière entrevue, sous l'ombre déployé contre les parois et qui vacille à chaque vibration un peu narquoise comme des ailes noires.

A travers le quotidien, se niche comme des trous de souris où l'aventure se trouve derrière. Mais j'ai grandi et m'en accommode, sous la lumière d'une bougie, à prendre le chemin des routes inconnue, des intentions qui ne me semblaient que pipo… auparavant… avant que je ne réalise que se soit, tel un enfant, l'avenir qui m'était conceptualisé. La fin du jour approche et le soleil tape sur mes tempes et mes fenêtres, ma peau un peu rougeâtre. Dans un souffle je m'épanche sur la forme d'un nuage, qui se ravise puis s'épaissit donnant peut-être incompris sa petite larme en perte condensée ; ma lumière l'aurais surpris et en cela pu révéler son fort intérieur coloré, arqué du reflet aux yeux du monde autour.

Bientôt le spectacle des couleurs se réduit à la nuit, ma lumière toujours vacillante.
Le spectacle ne se termine jamais ; observant les étoiles ou le reflet d'une lune, à sa surface s'éclaire le soleil et la mer. Ce paysage qui pour rien au monde ne fait cendre. Apparenté de songe et d'élan, de rebond en cratère ; exposé du souffle au vent de ma douce lumière comme reflet. Caressant aussi de doux nuages comme pour se soulager et se cacher de temps en temps. Ma dimension n'exprimant que bienveillance et ce petit bonheur, qui est de se montrer au gré d'un rythme savant. Observe, déploie à notre émergence une musique vive, corps de ses attraits ; depuis que l'on s'observe avec ce monde entre ombres et lumières tu fais preuve de vœux aux réalisations riches… Derrière toutes expositions tu trouveras le cumulus de mon fraternel voile de lumière habillant légèrement les reliefs de notre espoir heureux.

C'est le propre de mon vécu qui à chaque fois encourage et s'ouvre de lui-même comme un soleil, comme une ombre… qui s'éprend et prend les marques des audaces ; conciliants des chances et du silence ; évanescent de tant de considérations. Subtile liant de poésie et de présent par l'étrange transmission d'une lumière formel tels les yeux d'une flamme rougissante, intemporelle et tenace. Je suis qu'un amour traversant, à l'enluminure d'un regard, d'une terre, de nuage et de vent. Et notre essence tour à tour se transmute, irradie, s'évapore ; revient et ressort telle des étoiles qui tourne autour et émerge de l'attention dans un rythme et son apparition féconde. Une croissance de tout bois s'enracine et nous proclame, danse même. Et comme un rêve qui ne se réclame, sans aprioris ni attentes, sans ressentiments ni demande ; je suis saisi des parfums de notre chaleureuse abondance qui se révèle grandes.

CONTE DE RIMES
EPHEMERES

Quelque chose cloche sous l'angélus
Saugrenus des us
Serais se le temps attendri
Ou les espoirs inassouvis

En ondes approximatives
L'intuition souvent en devise
Par ces palpitations incandescentes
Dans les profondeurs inconscientes

En rêve réalisé
Sous les sceaux du secret
Un meilleur monde
Te touche et abonde

Oisif tel un papillon s'en allant chiner
Et alla sur le chemin croiser un vermillon
Tout de lumière et intrigué
Par les battements et la couleur de cette
constitution

Dans un instant
Dans mon imaginaire
Comme insuffle le vent
Je devenais ce vers

Pour lui poser une question prestement :
Cher être colorer,
Pourquoi tu te trouves ainsi affublé
Par la couleur et le battement ?

Pour information mon cher lumineux
Je tire ma palette et mon palpitant gracieux
D'une chrysalide et de feuille digérées
Pour seul gouverne la chenille m'a ainsi fait

Alors tu n'étais que transformation, repris la
lumière
Moi cependant je suis époustouflé de ce que tu
seras demain
Comme ma lumière éclaire mon chemin
Avais-tu conscience d'œuvrer cette carrière ?

Et au bruit de l'enjeu acceptes-tu que je t'éclaire
Le papillon s'en remit au silence d'une réflexion
audacieuse
Et les battements ne sonnaient plus cadence
Ses deux ailes comme un cœur au motivation
impérieuse

Tu vois, tu restes au son vigilant de ce néant
Et les couleurs de l'être néon de blancheur
Révèlent qu'au temps, au cœur du battement
Avance seule, la conséquence de ta teneur

De ce papillon il advint
Que sa course fut chemin
Et que l'essentiel de son voyage
C'est arrêter à ses ailes

Le papillon en fut tout ébahit
Sans se souvenir en un autre hémisphère de
cette goutte de poésie
Du curieux conifère au fruit de vers et juteux
colorie
Un vers aussi semblant chatouiller le conifère
par ce récit

Souviens-toi, nous avions connu une chenille,
répliqua le vers
Je l'avais pris sous mon aile
Tandis que toi, tu n'avais que faire
Gardant toujours tes airs solitaires sous le soleil

L'arbre répond sur ce ton : je m'en rappelle fort
bien
Et ce n'était pas sous un air de boutentrain
Que je la vis et qu'elle croquait mes feuilles
Un appétit pareil lui aurait valu certainement
l'écueil

Que tu sois gougea, reprit le vers un peu
dubitatif
N'en n'est pas moins fier cette poésie et son vol
Au bon gré malgré tes nervure et leurs tifs
Qui de toute façon ne survivent aux automnes

Il faut bien de la poésie dans chaque élément
Reprends l'arbre, car sans elle
Nous serions du pareil au même
La feuille ou le fruit, son choix en n'est que
suprême

Et c'est mal la connaitre cependant
Faut-il avoir vécue plusieurs vies
Pour s'acquitter du vent et retrouver le souffle
de sa vie
Précieux pour chaque être, chacun se tortille
comme il peut avec son temps

Je comprends mieux pourquoi tu as cette tête, le
vers ainsi nonchalant
Reprit sous la silhouette de son homologue
géant
Par devant ou derrière, une vérité du temps
Semble gigoter en chaque être vivant

Elle épouse un peu la terre
Elle entrouvre toute branches
Perpétuant fleur et parterre
Dans l'espace qui est abîme

Et d'une langue mellifère
Ses yeux ornière de la beauté subtile
Te rend solidaire
De présence indicible

Je vois même, chers petits vers, en ton éclairage
Comme des couleurs multiples
En elle telle une reine s'évertuant en ponte
A une danse donnant l'information qui démontre

En subtil une joie fine
Je me réfugie en ses façons habiles
Ce qui me donne envie et dû
Est ce qui me perpétue

Comme tous les êtres fragiles qui construisent
Je suis la vie et me reconnait en tout autre vertu
Être est une tâche exquise
Puisqu'elle est le miel, je me nourris de sa guise

Et parfois croise le chemin d'un homme
Plein de coutumes, de retenue ou cabriole
Et dans nos feuilles comme dans tous les automnes
En lui aussi cela frissonne

Dans cette rencontre, sur le seuil d'un rocher
La grâce lui est comptée
Car la pierre même est poésie
Quand elle transpire l'usure du temps en son grain infini

Les clapotis de l'eau résonnent comme les tambours
Quand vient le temps, les saisons, la mort, les amours
Et toutes choses dorénavant s'émulsionnent
De ce ton qui étonne
Tout comme chaque pas, chaque silence lui vaut l'aumône
Ainsi toute choses ont leurs aubes
La présence venue ainsi ne disparait pas
Quand sonne la poésie et son glas

CONTE A LA MEMOIRE

Ce voyage, à faire encrage, tumulte des eaux pour faire sillon, pourrait comme un adage bagage ne pas créer, je pense alors être cet ancrage qui découle d'instant en instant... Paisible et mouillant la rivière de l'âge, comme un bois de chauffe ou flotté, au courant de mon encre.

L'équinoxe solaire descendait de son apogée. Notre héros voulu à tout prix maintenir les journées chaudes et longues, lui paraissant maintenant un autre monde. Sous couvert de son arbre abritant ses premiers émois, le paysage mordoré, les rayons décroissant du soleil attisait kikou. La lumière chaude et éparse couvrait encore un peu la vallée comme un champs de promesse et de récolte. Cet état suffisait à attirer la curiosité d'un jeune prince. Il demeurait là, à côté de lui, autour du feu qui avait autrefois animé un chant sublime et riche d'émotions.

Cette rencontre avec kikou l'envahissait d'enthousiasme avec cependant une pointe d'inconnue et d'incertitude. Sous cette aspect soucieux, kikou restait stoïque et silencieux.

Devant cette réaction le prince repris le chant, songeant à l'honneur d'avoir rencontré ce nouveau compagnon. L'air redevenu plus léger, le vent attisait la flamme de souvenirs heureux, entre éclaircissement et ombrage. « Toi aussi tu es mon ami », demanda kikou au prince, lui qui venait quérir et entretenir les rêves les plus fou.

A cette question qui le laissa un peu dubitatif, soudain une branche morte tomba au pied de kikou, sous le poids de la chouette qui observer la scène depuis le haut de l'arbre.

Avec cette branche, kikou s'empressa de l'utiliser comme outil pour dessiner un peu de ses souvenir sur la terre… au pied de son arbre un peu en friche, depuis le temps de sa longue hésitation et son air contrarié.

Tout autour de l'arbre qui abritait l'histoire et la vie de notre Kikou, ses dessins émis le cercle au propriété magique de la mémoire amalgamant confiance et réalisation, dégageant le paisible de ces lieux. Tout en dessinant ses amis, le vent faisait tomber sur leur silhouette une pluie de feuille d'automne, toutes très colorées. Sous les traits de notre jeune héros en création, le long cou de la girafe qu'il dessinait par la suite semblait se tortillais dans tous les sens. Derrière cette magie de feuille, se cachait tout compte fait un vers de terre. Plus encore, le ramage de chouette s'ébouriffait de vert, de jaune et de rouge, donnant plus de vie et de force à notre amie. Celle-ci en fut tout étonnée. Puis malgré des traits un peu brouillons lorsque kikou dessinait son amie la fée, des papillons de nuits vinrent à se poser pour la rendre plus belle avec des ailes.

Notre héros réalisait cette nouvelle note qui ravivait la sensation étrange du manque de ses amis, mais tout autant l'augure de fierté et d'humilité. C'est dans la magie de kikou et son cœur que le prince observa force et élan du rêve.

La remarquable vision de kikou le comblait autant de joie que de surprise, alors le prince lui fit le prodige d'un grand sourire qui allait basculer la nostalgie de notre héros vers la gratitude.

Toutefois, kikou affrontait cette part d'incertitude, cet état où s'aventure souvenir comme avancé, manque comme liberté, en éprouvant aussi fort la joie comme la peine. Kikou se sentait perdu et désorienté. « Te voilà en face de tes possibilités » acquiesça le prince.

Dans cet excès d'émotions, les explications du Prince allait l'aider :

« Ce genre de mouvement et d'incertitude, autrefois nous le nommions lotus éternelles, impérissable au souvenir, à entretenir la vie et le temps. Pour qu'un lotus demeure éternelle, il fallait qu'une fleur parant, comme le narcisse, aille se dissoudre à la source, donnant sève au sentiment et faire naître ses fleurs,

Sous une telle influence nombre de personne cédèrent leurs rêves et responsabilités peu à peu lorsque tout un chacun des narcisses ne devinrent qu'opulence face à une sagesse qui ne faisait plus naître que soumission...tronquant La beauté du lotus en convoitise.

Mais toi, tel un gardien pour son royaume et le rêve qu'il abrite, la fleur de lotus poussa en toi, alors ne révoque aucune de ces émotions. »

Kikou regarda dans le dernier équinoxe passé la mémoire de son aventure, ses peines et joie ; comme des amis à la présence encore intacte, une source de conscience et de reconnaissance pour y décupler amitié et bienveillance s'était éveillé en lui.

C'est là que le prince s'en allât derrière kikou et passa par un passage dérobé de son arbre, empruntant le chemin profond des racines, comme à travers un puits. Sur l'écorce se retranscrivit alors un nouveau refrain rendant la maitrise du chant de kikou presque intemporelle, marquant résonnance et respect, fluide à travers vent de tout âge.

La rencontre du prince n'était plus qu'un souvenir, mais il demeura essentiel pour la croissance en le gardant en mémoire, comme dans ses racines. Cela l'avait conduit dans ce temps de resplendissement, à la maturation. Le grand arbre de sa vie était garant de cette aventure passée comme une sagesse ancestrale lui procurant autant la fraicheur sous l'ombrage de quelques feuilles, que le fruit sucré de la course des saisons, avec la magie des étoiles qui apparurent.